Psychische Prozesse in der Konsumforschung, Kaufentscheidungstypen und Bereiche psychologischer Marktforschung

Vivien Albers

Bibliografische Information der Deutschen Nationalbibliothek:

Die Deutsche Nationalbibliothek verzeichnet diese Publikation in der Deutschen Nationalbibliografie; detaillierte bibliografische Daten sind im Internet über http://dnb.d-nb.de abrufbar.

ISBN: 9783346750051
Dieses Buch ist auch als E-Book erhältlich.

Inhaltsverzeichnis

Abkürzungsverzeichnis

Abb.	=	Abbildung
bspw.	=	beispielsweise
bzw.	=	beziehungsweise
d.h.	=	das heißt
etc.	=	et cetera
GfK	=	Gesellschaft für Konsumforschung
Hrsg.	=	Herausgeber/Innen
i.d.R.	=	in der Regel
Tab.	=	Tabelle
sog.	=	sogenannte(n)
usw.	=	und so weiter
z.B.	=	zum Beispiel

Abbildungsverzeichnis

Tabellenverzeichnis

1. Aufgabe A1: Psychische Prozesse in der Konsumforschung

Psychische Prozesse haben eine zentrale Bedeutung in der Konsumforschung. Die Grundbegriffe Aktivierung, Emotion, Motivation und Einstellung werden in diesem Zusammenhang in den Unterkapiteln 1.1 bis 1.4 zunächst definiert und anhand eines Beispiels erläutert. Im Unterkapitel 1.5 erfolgt dann eine Abgrenzung der Begriffe.

1.1. Aktivierung

Der Begriff Aktivierung wird verwendet, um Prozesse zu beschrieben, die mit innerer Erregung und Spannung verbunden sind und das Verhalten antreiben. Diese können sowohl positive (z.B. Beschwingtheit) als auch negative (z.B. Niedergeschlagenheit) Empfindungen sein (Gröppel-Klein & Kroeber-Riel, 2019, S. 51). Der menschliche Organismus wird bei Aktivierung in einen Zustand der Leistungsfähigkeit und -bereitschaft versetzt. Dieser kann sowohl in Zusammenhang mit der Intensität als auch mit dem Bewusstheitsgrad psychophysischer Prozesse gesehen werden (Boucsein, 2012 zitiert nach Gröppel-Klein & Kroeber-Riel, 2019, S. 54). Somit ist die Aktivierung Voraussetzung für Konsumverhalten. Die Stärke der Aktivierung ist ein Maß dafür, wie wach, reaktionsbereit und leistungsbereit der Organismus ist. Reize, die Aktivierung auslösen, können unterschieden werden in:

- Affektive Stimuli, d.h. Reize, die aufgrund angeborener Reiz-Reaktions-Mechanismen oder Konditionierung angenehme oder unangenehme Emotionen auslösen (z.B. Kindchenschema, Natur, Erotik, frischer Kaffeeduft)
- Kollative Stimuli, d.h. Reize, die aufgrund ihrer Vielfältigkeit, Neuartigkeit oder Überraschungsgehaltes stark aktivieren (z.B. lebendig wirkende Schaufensterpuppen, Lila Kuh, Fischattrappen, die Krawatten tragen)

- Intensive Stimuli, die intensiven Reize wirken durch ihre physikalischen Eigenschaften und lösen als saliente Informationen reflexartige Orientierungsreaktionen aus (z.B. laute Musik, auffällige Farben, Helligkeit; Gröppel-Klein & Kroeber-Riel, 2019, S. 78)

Ein Beispiel soll den Begriff Aktivierung verdeutlichen: Nehmen wir an, eine Person hat eine starke Vorliebe für schnelles Reisen, d.h. schnelles Autofahren, schnelles Fliegen, usw. Diese Person hört in einem lauten Einkaufszentrum im Vorbeigehen eines Geschäfts eine Werbung über einen neuen Sportwagen. Zwei Vorgänge werden an dieser Stelle bei der Informationsaufnahme wirksam: Aufmerksamkeit und Orientierungsreaktion. Trotz Hintergrundgeräusche, Musik und Gespräche konzentriert sich die Person nun auf die Werbung (Aufmerksamkeit) und orientiert sich zur Werbung hin, d.h. sie dreht den Kopf, läuft etwas langsamer und schließlich ein paar Schritte zur Werbung hin (Orientierungsreaktion). Die Aufmerksamkeit wird nur diesem Reiz zugewendet und nur diese werden aufgenommen und verarbeitet. In diesem Fall findet ein aktivierender Prozess statt. In der Werbung wird durch das Setzen der affektiven, kollativen und intensiven Stimuli versucht, die Aufmerksamkeit der Konsumenten zu erzielen, damit Produktinformationen besser aufgenommen und verarbeitet werden. So wird die Werbung z.B. durch laute Rockmusik und bunte Farben begleitet. Zudem soll ein Slogan „Just feels good" die Konsumenten emotional ansprechen.

1.2. Emotion

Der Stand der wissenschaftlichen Emotionsforschung bezüglich einer Definition des Emotionsbegriffs lässt sich in einem Satz zusammenfassen: „Jeder weiß, was eine Emotion ist, bis er um eine Definition gebeten wird" (Fehr & Russell, 1984, S. 1464).

Eine Arbeitsdefinition bieten Gröppel-Klein und Kroeber-Riel (2019): Emotionen sind innere Erregungsvorgänge, welche als angenehm oder unangenehm empfunden, i.d.R. eher bewusst erlebt werden und zeitlich befristet sind (S. 54-55). Meyer, Reisenzei & Schützwohl (2001) identifizieren sieben zentrale Merkmale von Emotionen. Diese sind in Tab. 1 dargestellt und werden mit Beispielen aus dem Konsumkontext verdeutlicht. Auch Meyer et al. (2001) liefern eine Arbeitsdefinition, welche die dargestellten Merkmale beinhaltet: „Emotionen sind aktuelle psychischer Zustände einer Person, die sich durch eine bestimmte Qualität, Intensität und Dauer auszeichnen und objektgerichtet sind. Jede Emotion geht mit einem charakteristischen Erleben, einer spezifischen physiologischen Veränderung und typischen Verhaltensweise einher." Um das in Unterkapitel 1.1 genannte Beispiel noch einmal aufzugreifen, würde die Emotion der Person, welches eine starke Vorliebe für schnelles Reisen hat, folgendermaßen aussehen: Die Person fühlt sich beschwingt, wenn sie schnell Auto fährt. Sie fühlt sich auch dann beschwingt, wenn sie ein schnelles Auto sieht oder an ein schnelles Auto denkt. Eine bestimmte äußere oder innere Stimulierung führt dazu, dass diese Person Gefühle der Freude, des Glücks, des Rausches, usw. hat. Diese Emotionen sind als subjektives Erleben der eigenen inneren Zustände zu verstehen. Sprachlich ausgedrückt wäre die Emotion in diesem Beispiel „Schnelles Autofahren macht mich *glücklich*" (Gröppel-Klein & Kroeber-Riel, 2019, S. 55).

Merkmal	Erläuterung	Beispiel
Qualität	Art der Emotion (z.B. Freude, Wut, etc.)	„Ich freue mich"
Intensität	Stärke der Ausprägung des psychischen Zustands	„Ich freue mich sehr"
Dauer	Dauer des psychischen Zustands, meist kurz- mittelfristig (längerfristige Zustände sind Stimmungen)	„Ich freue mich seit ich angekommen bin"
Objektgerichtet-heit	Objekt, welches die Emotionen auslöst (z.B. sich über etwas freuen, vor etwas Angst haben)	„Ich freue mich seit dem ich angekommen bin auf das neue Auto."
Charakteristisches Erleben	Subjektive Komponente bzw. Gefühl, das mit der Emotion verbunden ist	„Ich freue mich seit ich angekommen bin auf das neue

		Auto". Das fühlt sich einfach toll an.
Physiologische Veränderung	Messbare körperliche Veränderung	„Ich freue mich so sehr, dass ich am ganzen Körper Gänsehaut habe."
Verhaltensaspekt	Emotionsspezifische, zielgerichtete Verhaltensweise	Ich freue mich so sehr, dass ich hier so schnell ich konnte hingekommen bin.

Tab. 1: Merkmale von Emotionen im Konsumkontext

(Quelle: Eigene Darstellung in Anlehnung an Hoffmann & Akbar, 2019, S. 55)

1.3. Motivation

Der Begriff Motivation stammt vom lateinischen Verb „movere" ab und bedeutet „sich bewegen". Folglich geht es im Zusammenhang der Konsumforschung darum, was den Konsumenten in Bewegung setzt. Das Konstrukt Motivation umfasst alle Prozesse, die körperliche sowie mentale Aktivität auslösen, steuern und aufrechterhalten (Gerrig, 2014, zitiert nach Hoffmann & Akbar, 2019, S. 34-35) Folgende Merkmale kennzeichnen die Motivation:

- Aktivierung: Die Motivation setzt Verhalten in Bewegung
- Richtung: Die Motivation steuert die Aktivität auf ein Ziel hin
- Intensität: Die Motivation bestimmt, wie intensiv eine Aktivität ausgeführt wird
- Ausdauer: Die Motivation beeinflusst, inwieweit die Aktivität aufrechterhalten wird, auch wenn sich Schwierigkeiten ergeben (Hoffmann & Akbar, 2019, S. 34).

Gröppel-Klein und Kroeber-Riel (2019) beschreiben Motivation als Emotionen oder Triebe, die mit einer Zielorientierung in Bezug auf Verhalten verbunden sind (S. 55). In unserem Beispiel wird die Person, die schnelles Reisen liebt, bestrebt sein mit schnellen Verkehrsmitteln zu reisen und auch ein schnelles Auto zu nutzen. Die Motivation gibt dieses Bestreben wieder. Sie drückt die Tätigkeits- oder Zielorientierung aus und wird als Handlungsbewusstsein erlebt. Sprachlich ausgedrückt wäre eine Motivation bspw. „Ich *möchte* mit einem Sportwagen reisen" (Gröppel-Klein & Kroeber-Riel, 2019, S. 55).

1.4. Einstellung

Auch für den Begriff „Einstellung" existiert eine nahezu unüberschaubare Menge an Definitionen. Daher lassen sie sich am einfachsten anhand ihrer Merkmale erklären. Einstellungen können als wertende, objektbezogene, erlernte, längerfristige und relativ stabile Erwartungshaltung in der Wahrnehmung verstanden werden (Trommsdorff & Teichert, 2011, S. 126; Solomon, 2016, S. 281). Allgemein lässt sich der Begriff als psychologische Tendenz bzw. innere Denkhaltung beschreiben, die sich darin äußert, sich selbst, andere, Objekte oder Situationen positiv oder negativ zu bewerten (Eagly & Chaiken, 1993, S. 1). Gröppel-Klein und Kroeber-Riel (2019) versehen Einstellungen als Motivationen, die mit einer kognitiven Beurteilung eines Gegenstandes verknüpft sind (S. 55). Demnach werden Einstellungen primär von der emotionalen Haltung gegenüber dem Gegenstand geprägt und können nur durch die Schubkraft der Motivation dauerhaft verinnerlicht werden und das Verhalten langfristig prägen (Kroeber-Riel & Gröppel-Klein, 2013, S. 238). Konsumenten haben Einstellungen zu verschiedensten Einstellungsobjekten. Von sehr produktspezifischem Verhalten, z.B. die Verwendung einer bestimmten Zahnpasta bis hin zu allgemeinem Konsumverhalten, z.B. wie häufig die Zähne geputzt werden sollten. Die Einstellung beeinflusst die Entscheidung, mit welchen Personen sich eine Person umgibt, welche Musik gehört wird oder ob Reststoffe recycelt werden (Solomon, 2016, S. 281). Um das zuvor genannte

Beispiel wieder aufzugreifen, würde die Person auf die Einstellung bezogen, aufgrund ihrer Motivation schnell zu fahren, solche Sachverhalte, die schnelles Fahren ermöglichen, positiv einschätzen. So wird z.B. ein schnelles Auto als positiv beurteilt, Einstellungen zeigen also eine Einschätzung der Umwelt an. Sprachlich ausgedrückt wäre ihre Einstellung in diesem Zusammenhang: „Ich halte schnelle Autos führt *gut*." (Gröppel-Klein & Kroeber-Riel, 2019, S. 55).

1.5. Abgrenzung der Begriffe

Die zuvor beschriebenen Begriffe Aktivierung, Emotionen, Motivation und Einstellung sind vier grundlegende Faktoren, welche das Kaufverhalten beeinflussen. Die Aktivierung bildet dabei die Grundlage der folgenden drei Faktoren. Sie stellt z.B. die Grundlage für emotionale und motivationale Prozesse dar, die durch Marken ausgelöst werden (Esch, 2019, S. 47). Emotionen, Motivation und Einstellung sind spezifische und komplexe Antriebe, die dazu dienen, das Zustandekommen menschlicher Handlungen zu erklären. Sie werden allerdings nicht einheitlich verstanden. Zum Beispiel wird Hunger manchmal als Trieb, manchmal als Emotion oder auch Motivation verstanden. Die Vorliebe einer Person für soziales Prestige wird teils als Motivation, teils als Einstellung verstanden. Die Differenzierung der Begriffe erfolgt daher hinsichtlich des subjektiven Erlebens. Emotionen sind, wenn auch häufig von außen sichtbar, nach innen gerichtet. Motivation ist auf ein Handeln gerichtet. Einstellungen sind auf Objekte gerichtet. Werden die Begriffe auf einen konkreten Reiz bezogen, erweisen sich jedoch auch Ähnlichkeiten. Der Anblick eines schnellen Autos wird als angenehm erlebt (Emotion), löst den Wunsch aus, damit zu fahren (Motivation) und äußert sich in einer positiven Einschätzung des Autos (Einstellung). In allen drei Fällen erfolgt eine positive Hinwendung zum Auto. Allgemein lässt sich festhalten, dass

alle drei Begriffe sich auf Vorgänge, die durch ihre inneren Antriebsspannungen gekennzeichnet sind, beziehen und die drei Begriffe aufeinander aufbauen: Motivation
umfasst Emotion und Einstellung umfasst Motivation (Gröppel-Klein & Kroeber-Riel,
2019, S. 55).

2. Aufgabe A2: Kaufentscheidungstypen

Kenntnisse über das Kaufverhalten der Kunden ist unerlässlich für Unternehmen. Im
Kapitel 2 werden daher die verschiedenen Kaufentscheidungstypen „Extensives
Kaufverhalten" (Unterkapitel 2.2), „Limitiertes Kaufverhalten" (Unterkapitel 2.3), „Ha-
bituelles Kaufverhalten" (Unterkapitel 2.4) sowie „Impulsives Kaufverhalten" (Unterkapitel 2.5) vorgestellt und jeweils anhand eines Beispiels erläutert.

2.1. Extensives Kaufverhalten

Extensive Kaufentscheidungen zeichnen sich durch einen hohen kognitiven Aufwand
bei der Informationsaufnahme und -verarbeitung aus. Konsumenten suchen ausgie-
big nach Informationen und sind i.d.R. hoch involviert. Charakteristisch sind damit ein
hoher Informationsbedarf, eine lange Entscheidungsdauer und die Notwendigkeit,
Bewertungskriterien zu erarbeiten und Kaufrisiken abzubauen (Gröppel-Klein & Kroeber-Riel, 2019, S. 396; Felser, 2015, S. 156). Extensive Kaufentscheidungen finden
sich vor allem dann, wenn Käufer wenig Vorerfahrung mit einer Produktkategorie besitzen und die negativen Konsequenzen einer falschen Entscheidung schwer wiegen

können. Dies sind etwa Entscheidungssituationen, die mit einem großen sozialen, funktionalen oder finanziellen Risiko verbunden sind, z.b. beim Kauf eines Autos oder Hauses (Hoffmann & Akbar, 2019, S. 109).

Ein Beispiel für eine extensive Kaufentscheidung kann der Kauf eines neuen Computers darstellen. Zu Beginn weiß der Käufer nicht, welche Produkteigenschaften besonders relevant sind und informiert sich daher im Internet, bei Bekannten, Experten oder im Fachgeschäft. Produkteigenschaften werden sorgfältig analysiert, miteinander verglichen und in ein Gesamturteil über ein Produkt integriert. Der Konsument greift dabei nicht nur auf das eigene Wissen und Erfahrungen zurück, sondern auch auf externe Quellen wie z.b. Werbung, Fachzeitschriften, Bekannte, etc. Damit ist der Konsument hoch involviert und die Produktwahl wird kognitiv gesteuert. Die gedankliche Steuerung ist umso stärker, je weniger der Konsument über bewährte Entscheidungsmuster verfügt, um die Kaufentscheidung zu vereinfachen. Die konkreten Kaufabsichten entstehen oft erst im Entscheidungsprozess (Gröppel-Klein & Koeber-Riel, 2019, S. 396; Moser, 2015, S. 31-32). Auch das emotionale Involvement ist hoch. Die affektive Aktivierung bei extensiven Kaufentscheidungen fördert die Bereitschaft zur intensiven Suche und Verarbeitung von Informationen. Der Konsument sammelt Angebote aus Werbung, Geschäften und aus dem Internet, um sich einen Überblick zu verschaffen. Die falsche Entscheidung hätte zur Konsequenz, dass zu viel Geld für ein Produkt ausgegeben wird, die Leistung des Computers unzufriedenstellend ist oder das Gerät nach kurzer Zeit defekt ist. Extensive Kaufentscheidungen sind zudem nicht reaktiv, d.h. wenig von spontanen Reaktionen geprägt, sondern werden sorgfältig überlegt gefällt. Aus diesem Grund würde eine Stimuluswahrnehmung, wie das Vorbeigehen an einem Elektronikgeschäft oder das spontane Angebot durch einen Bekannten nicht automatisch zur Kaufhandlungen führen. Zwischen Reiz und Reaktion findet ein extensiver Informationsverarbeitungsprozess statt (Gröppel-Klein & Koeber-Riel, 2019, S. 396). Ebenso kann ein Konsument im Entscheidungsprozess weitere Alternativen kennenlernen, z.B. Tablets, Laptops, etc. Wenn diese

Alternativen weitere Eigenschaften besitzen, die bisher keine Rolle spielten, kann eine Neubewertung aller Produkte erforderlich sein, um das für den Konsumenten nützlichste Produkt zu identifizieren (Moser, 2015, S. 32). Bei der Entscheidungsfindung setzt der Konsument auf verschiedene Entscheidungsstrategien, wie z.b. der Equal Weight Rule. Bei dieser Entscheidungsstrategie schätzt der Konsument für jedes potenzielle Gerät den Nutzen auf verschiedenen Eigenschaftsdimensionen ein und summiert diese. Die Option mit dem größten Gesamtnutzen wird dann gewählt. So würde sich der Konsument für Gerät A entscheiden, obwohl es nicht in seiner gewünschte Farbe erhältlich ist, da es in anderen wichtigen Merkmalen besser abschneidet als vergleichbare Geräte. Pfister, Jungmann & Fischer (2016) zählen insgesamt 14 Entscheidungsstrategien auf, die an dieser Stelle nicht weiter ausgeführt werden. Für eine tiefergehende Literautr zu verschiedenen Entscheidungsstrategien wird auf Pfister et al. (2016, S. 105) verwiesen. Tab. 2 fasst die kognitiven, emotionalen und reaktiven Prozesse bei einer extensiven Kaufentscheidung noch einmal zusammen.

Extensive Kaufentscheidungen

Kognitive Prozesse	Emotionale Prozesse	Reaktive Prozesse
• Die Produktauswahl wird kognitiv gesteuert. • Das kognitive Involvement ist hoch.	• Das emotionale Involvement ist hoch • Die affektive Aktivierung bei extensiven Kaufentscheidungen fördert die Bereitschaft zur intensiven Suche und Verarbeitung von Informationen.	• Entscheidungsprozesse i.d.R. nicht reaktiv • Die Stimuluswahrnehmung führt nicht zu automatischen Kaufhandlungen. • Zwischen Reiz und Reaktion findet ein extensiver Informationsverarbeitungsprozess statt.

Tab. 2: Kognitive, emotionale und reaktive Prozesse einer extensiven Kaufentscheidung

(Quelle: Eigene Darstellung)

2.2. Limitiertes Kaufverhalten

Unter limitierten Kaufentscheidungen werden solche verstanden, die geplant und überlegt gefällt werden und auf Wissen bzw. Erfahrungen beruhen. Folgt ein Konsument dem Verhaltensmuster eines limitierten Kaufs, hat er auf dem Gebiet schon einige Kauferfahrungen und verfährt nach bewährten Faustregeln. Der limitierte Kauf stellt meist eine komplexe Entscheidung dar, die aber limitierten Faktoren, wie fehlendes Wissen, Zeitnot, Erfahrung, etc., unterliegen. Daher wird auf einfache Urteilsheuristiken zurückgegriffen. Somit kann der Konsument aufgrund des Vorwissens einschränken, welche Produkte infrage kommen und holen kaum weitere Informationen ein. Er kennt die vorhandenen Marken und die Produktattribute und konzentriert seine Informationssuche auf diese bekannten Alternativen. Beim Kauf genügen daher oft kleine Argumente, wie der Preis eines Produktes. Im Vergleich zu extensiven Kaufentscheidungen (Unterkapitel 2.1) ist der kognitive Aufwand somit wesentlich geringer (Felser, 2015, S. 158; Moser, 2015, S. 32; Fichter, 2018, S. 49). Bei limitierten Kaufentscheidungen werden bevorzugt interne Informationen herangezogen, um einen Kauf zu realisieren, d.h. bei der Informationssuche werden gespeicherte Informationen aus dem Gedächtnis abgerufen. Dagegen werden bei der externen Informationssuche zusätzliche Informationen aus der Umwelt aufgenommen (Park & Stoel, 2005).

Ein Beispiel soll das limitierte Kaufentscheidungsverhalten näher erläutern. Angenommen, ein Konsument hat schon wiederholt einen Computer gekauft. Er besitzt bereits ein bestimmtes Maß an Vorwissen und Erfahrungen. Der Konsument wird also prüfen, inwieweit seine Kauferfahrungen, Markenkenntnis und Prädispositionen ausreichen, um eine Wahl innerhalb des präferieren, sog. „evoked set" zu treffen. Der evoked set umfasst alle relevanten Markenalternativen, die bereits in Gedächtnis des Konsumenten verankert sind. Für ihn kommen grundsätzlich drei verschiedene Marken in Frage. Der Konsument sieht sich über die für eine Entscheidung notwendigen

Kenntnisse informiert zu sein. Die emotionalen, mit psychischer Aktivierung verbundenen Prozesse, sind hier im Vergleich zu kognitiven Vorgängen von untergeordneter Bedeutung, da die Entscheidungssituation weder neuartig noch schwierig ist. Im Geschäft wird dem Konsumenten jedoch bewusst, dass sich seit dem letzten Kauf doch viele technische Details verändert haben. Wenn die gespeicherten Informationen nicht ausreichen, um eine Kaufentscheidung zu fällen, wird der Konsument aktiv nach externen Informationen suchen, also Verkäufer und sein Umfeld befragen sowie Testberichte lesen. Da sein Entscheidungsfeld aber weitgehend vorgeklärt ist, interessieren ihn weniger Informationen zur Bildung von Prädispositionen, sondern eher Informationen zur Beurteilung der präferierten Kaufalternativen im Einzelnen. Ihm geht es vor allem um prägnante, direkt zu Kaufentscheidung beitragende Schlüsselinformationen. Schlüsselinformationen ersetzen Einzelinformationen, d. h., sie helfen dem Konsumenten, eine Entscheidung zu fällen, ohne einzelne Prüfprozesse durchführen zu müssen oder Entscheidungsregeln zu entwickeln. Limitiert entscheidende Konsumenten sind besonders an Schlüsselinformationen interessiert, wenn die interne Informationssuche nicht ausreicht, um eine Kaufentscheidung zu fällen. Evoked set und Schlüsselinformationen vereinfachen den Entscheidungsprozess und charakterisieren limitierte Kaufentscheidungen. Reaktive Prozesse spielen zur Charakterisierung limitierter Kaufentscheidungen keine besondere Rolle. Prägnante Reize, die automatisch ablaufende Reaktionsfolgen auslösen können, beeinträchtigen die kognitive Informationsverarbeitung nicht (Gröppel-Klein & Kroeber-Riel, 2019, S. 396). Die Auswahl einer Alternative wird wesentlich vom jeweiligen Anspruchsniveau des Konsumenten bestimmt, d. h., sobald eine Alternative gefunden wird, die den Ansprüchen genügt, wird der Entscheidungsprozess beendet (Foscht, 2017, S. 172). So würde sich der Konsument schließlich für das Gerät B entscheiden, da er keine weitere Zeit mit der Informationssuche verbringen will und mit der Marke bereits gute Erfahrungen gemacht hat. Zur Veranschaulichung sind die psychologischen Prozesse einer limitierten Kaufentscheidung noch einmal in Tab. 3 dargestellt.

Limitierte Kaufentscheidungen		
Kognitive Prozesse	**Emotionale Prozesse**	**Reaktive Prozesse**
• Die Informationsaufnahme weist keine Besonderheiten auf. • Von Bedeutung ist dagegen die Unterscheidung zwischen interner und externer Informationssuche.	• Die emotionalen, mit psychischer Aktivierung verbundenen Prozesse sind hier im Vergleich zu kognitiven Vorgängen von untergeordneter Bedeutung, da die Entscheidungssituation weder neuartig noch schwierig ist.	• Reaktive Prozesse spielen keine besondere Rolle • Prägnante Reize, die automatisch ablaufende Reaktionsfolgen auslösen können, beeinträchtigen die kognitive Informationsverarbeitung nicht

Tab. 3: Kognitive, emotionale und reaktive Prozesse einer limitierten Kaufentscheidung

(Quelle: Eigene Darstellung)

2.3. Habituelles Kaufverhalten

Ebenso wie limitierte Kaufentscheidungen kennzeichnen habitualisierte Kaufentscheidungen eine spezifische Form vereinfachten Entscheidungsverhaltens. Sie sind jedoch noch stärker vereinfacht (Gröppel-Klein & Kroeber-Riel, 2019, S. 404). Das Kaufverhalten beruht hier auf Einkaufsgewohnheiten, also verfestigten Verhaltensmustern: Es werden vorgefertigte Einkaufsentscheidungen in Kaufhandlungen umgesetzt (Foscht, 2017, S. 175). Dabei handelt es sich meist um Gewohnheitskäufe, z.B. Nahrungs- und Genussmittel wie Brot und Fleisch, welches oft bei demselben Bäcker bzw. Metzger gekauft wird oder die gewohnte Tabak-, Kaffee- oder Biermarke (Felser, 2015, S. 159). Diese Gewohnheitskäufe sind durch hohe und tendenziell positive Erfahrungswerte und vertraute Marken gekennzeichnet, wobei Marken die Wiedererkennung gewohnter Marken erleichtern. Sie dienen einer kognitiven Entlastung und sind hochgradig effizient. Auf diese Weise würde ein Großeinkauf im Supermarkt nicht mehrere Stunden in Anspruch nehmen (Fichter, 2018, S. 45). Merkmale einer habitualisierte Kaufentscheidung sind die Existenz vorgefertigter Entscheidungsmuster. Diese sind charakterisiert durch eine eindeutige Präferenz für eine einzige Kaufalternative, eine geringe Entscheidungszeit, die Gewährleistung schneller und risikoarmer Einkäufe und eine hohe Relevanz vor allem bei Gütern täglichen Bedarfs (Dieterich, 1986, S. 18). Entstehen können Habitualisierte Entscheidungen z.b. durch das Beibehalten bewährter Entscheidungen, der Adoption von Verhaltensmustern im Rahmen des Sozialisierungsprozesses oder einer Habitualisierungsneigung – einem Persönlichkeitsmerkmal (Foscht, 2017, S. 175-176).

Im Folgenden wird das habitualisierte Kaufverhalten anhand zweier Beispiele dargestellt. Ein Konsument befindet sich bei seinem Wocheneinkauf im Supermarkt. Ihm fällt im Geschäft ein, dass er noch Waschmittel benötigt. Am Regal angekommen konzentriert sich der Konsument sich auf wenige zentrale Kognitionen, der kognitive Aufwand ist minimal und Informationssuche und -verarbeitung finden kaum statt. Auch affektive Prozesse spielen eine untergeordnete Rolle. Hinzu kommt, dass habitualisierte Kaufentscheidungen auch reaktiv gefällt werden können, d.h. quasi automatisch ablaufen. Daher wird ohne weiteres Nachdenken und innerhalb einer geringen Entscheidungszeit die übliche Produktalternative gekauft. Auf der Ebene des beobachtbaren Verhaltens zeigen Konsumenten bei habitualisierten Kaufentscheidungen meist Markentreue. Nach dem Motto „Dann nehme ich Persil, wie immer. Damit kann man nichts falsch machen" (Gröppel-Klein & Kroeber-Riel, 2019, S. 404-405). Danach läuft der Konsument am Kühlregal vorbei und legt, wie bei jedem wöchentlichen Einkauf seinen Lieblingsjoghurt in den Einkaufswagen, ohne darüber nachzudenken. Dieses Verhalten läuft routiniert und scheinbar automatisiert ab (Hoffmann & Akbar, 2019, S. 109).

20

Habitualisierte Kaufentscheidungen		
Kognitive Prozesse	**Emotionale Prozesse**	**Reaktive Prozesse**
• Konsument konzentriert sich auf wenige zentrale Kognitionen, der kognitive Aufwand ist minimal und Informationssuche und -verarbeitung finden kaum statt.	• Affektive Prozesse spielen eine untergeordnete Rolle	• Konsument entscheidet eher reaktiv, Entscheidungen laufen quasi automatisch ab

Tab. 4: Kognitive, emotionale und reaktive Prozesse einer habitualisierten Kaufentscheidung

(Quelle: Eigene Darstellung)

2.4. Impulsives Kaufverhalten

Impulskäufe sind durch eine hohe Reaktivität, eine hohe Aktivierung sowie geringer Kognition gekennzeichnet, durch den spontanen, ungeplanten und plötzlichen Drang ein Produkt zu kaufen. Impulskäufe vollziehen sich plötzlich durch spontane Realisierung wahrgenommener Bedürfnisse. Die Entscheidung entsteht oft ohne vorherige Kaufabsicht vor Ort bei der Betrachtung des Produkts. Obwohl Impulskäufe oftmals im Zusammenhang mit preiswerten Produkten diskutiert werden, z.B. Süßigkeiten an der Supermarktkasse, können auch hochpreisige Produkte, z.B. ein Abendkleid oder ein Fernseher, impulsiv gekauft werden. Impulskäufe sind außerdem stark aktivierend und emotional, was sie von sog. ungeplanten Käufen unterscheidet, bei denen dem Konsumenten beim Anblick eines Produkts einfällt, dass er dieses benötigt. Es handelt sich z.B. nicht um einen Impulskauf, wenn einer Person beim Gang durch die Hygieneartikelabteilung einfällt, dass sie Shampoo benötigt. Weiterhin sind Impulskäufe von geplanten Spontankäufen, spontanen Ersatzkäufen und Sonderangebotskäufen abzugrenzen. Eine Erklärung für Impulskäufe bieten Selbstregulationsansätze. Kaufimpulse werden demnach durch externe Stimuli ausgelöst, denen Individuen mit größerer Wahrscheinlichkeit folgen, wenn ihre persönlichen Ressourcen erschöpft sind oder wenn sie entsprechende Persönlichkeitseigenschaften aufweisen. Oft werden Impulskäufe zur affektiven Regulation genutzt: Es wird etwas gekauft, um die Stimmung zu verbessern. Diese Stimmungsverbesserung ist allerdings i.d.R. nicht besonders nachhaltig. Eine pathologische Form von Impulskäufen stellt die Kaufsucht dar (Moser, 2015, S. 32-33; Gröppel-Klein & Kroeber-Riel, 2019, S. 410).

Ein einleuchtendes Beispiel für einen Impulskauf ist z.B. Eis, wenn das Wetter warm ist. Der kognitive Aufwand ist gering. Unterschiedliche Alternativen werden nicht gegeneinander abgewogen und auch mögliche Konsequenzen kaum berücksichtigt. Eine starke Aktivierung und Emotionalisierung finden statt – der Konsument fühlt sich vom Eiswagen „magisch" angezogen (Moser, 2015, S. 33). Die Reizsituation ruft beim Konsumenten Emotionen wie Überraschung und Freude hervor. Diese Freude kann z. B. durch eine ungewöhnliche oder besonders attraktive Warenpräsentation erzeugt werden (Gröppel-Klein & Kroeber-Riel, 2019, S. 411).

Impulsive Kaufentscheidungen		
Kognitive Prozesse	**Emotionale Prozesse**	**Reaktive Prozesse**
• Geringer kognitiver Aufwand • Keine bewusste kognitive Steuerung	• Starke emotionale Aktivierung, Gefühle von Freude und Überraschung beim Kauf	• Entscheidungen werden reaktiv gefällt

Tab. 5: Kognitive, emotionale und reaktive Prozesse einer impulsiven Kaufentscheidung

(Quelle: Eigene Darstellung)

Tab. 6 zeigt eine zusammenfassende Darstellung der Typologie der vier Kaufentscheidungstypen.

Merkmale	Typen von Kaufentscheidungen			
	Extensiv	Limitiert	Habitualisiert	Impulsiv
Konstruierend				
Kognitiv	Hoch	Mittel	Gering	Gering
Affektiv	Hoch	Gering	Gering	Hoch
Reaktiv	Gering	Gering	Hoch	Hoch
Begleitend				
Involvement	Hoch	Gering	-	-
Vorerfahrung	Keine	Gegeben	Hoch	-
Verarbeitungstiefe	Hoch	Mittel	Gering	Gering
Verarbeitungsge-schwindigkeit	Langsam	Mittel	Schnell	Schnell
Strategien	Werden im Prozess ge-wählt	Heuristische Stra-tegien, bewährte Regeln	Fixe Wenn-Dann-Regeln	Keine

Tab. 6: Typologie von Kaufentscheidungen

(Quelle: Eigene Darstellung in Anlehnung an Gröppel-Klein & Kroeber-Riel, 2019 & Fichter, 2018, S. 50)

3. Aufgabe A3: Bereiche psychologischer Marktforschung

Im Kapitel 3 werden verschiedene Bereiche der psychologischen Marktforschung the-
matisiert. Im Unterkapitel 3.1 wird zum Verständnis kurz der Begriff der psychologischen Marktforschung beschrieben. Danach wird im Unterkapitel 3.2 die Quantitative
Forschung, im Unterkapitel 3.3 die Deskriptive Forschung und im Unterkapitel 3.4 die

Kausale Forschung erläutert. Zu den drei Bereichen werden jeweils Beispiele zur Erläuterung gegeben.

3.1. Psychologische Marktforschung

Marktforschung dient dazu, Märkte zu verstehen, um Marktentscheidungen abzusichern. Böhler (2004) definiert die Marktforschung als systematische Sammlung, Aufbereitung, Analyse und Interpretation von Daten über Märkte und Marktbeeinflussungsmöglichkeiten zum Zweck der Informationsgewinnung für Marketing-Entscheidungen (S. 19). Die psychologische Marktforschung konzentriert sich dabei konkret auf das Erleben und Verhalten von Konsumenten. So interessiert Unternehmen im Rahmen der psychologischen Marktforschung bspw., ob ein Kauf getätigt, die Marke weiterempfohlen oder Beschwerden eingereicht wird. Im Zusammenhang der psychologischen Marktforschung stehen je nach Zielsetzung verschiedene Untersuchungsdesigns zur Verfügung: ein deskriptives, exploratives oder kausales Forschungsdesign. Innerhalb dieser lassen sich verschiedene Forschungsmethoden unterscheiden. Die einzelnen Untersuchungsdesigns können qualitativ oder quantitativ ausgerichtet sein. Im Folgenden wird auf die Quantitative Forschung, Deskriptive Forschung und Kausale Forschung näher eingegangen.

3.2. Quantitative Forschung

Quantitative Marktforschung basiert i.d.R. auf großzahligen Stichproben und häufig standardisierten Erhebungstechniken, wodurch im Rahmen der Datenanalyse verstärkt mathematisch-statistische Analysemethoden eingesetzt werden können. Hier geht es darum Konsumentenverhalten in Form von Modellen, Kausalzusammenhängen und zahlenmäßigen Analysen möglichst genau zu beschreiben und prognostizierbar zu machen. Der hauptsächliche Informationsgewinn bei den Methoden der quantitativen Marktforschung besteht in der Datenreduktion. Um identische Voraussetzungen für die Erzeugung der Messwerte innerhalb einer empirischen Studie sicher zu stellen, sind die quantitativen Erhebungsmethoden meist vollstandardisiert und strukturiert, d. h. bei einer Befragung bekommt bspw. jeder Befragte exakt die gleichen Voraussetzungen bei der Beantwortung der Fragen (Rennhak & Opresnik, 2016, S. 40-41). Beim quantitativen Forschungsparadigma wird einem linearen, klar strukturierten Forschungsprozess gefolgt. Hierzu müssen präzise Fragestellungen vorliegen. Oft werden aus der Theorie Hypothesen abgeleitet. Zur Prüfung dieser werden mit standardisierten Datenerhebungsmethoden und anhand vieler Untersuchungselemente numerische Daten erhoben. Mit diesen können die Hypothesen mittels statistischer Datenanalyse geprüft werden (Redler-Ulrich, 2021, S. 59-60).

Eine Hypothese könnte bspw. lauten: Je zufriedener Gäste mit dem Aufenthalt in einem Roboter-Hotel sind, desto höher die Wahrscheinlichkeit, dass sie wiederkehren werden. Um die in den Hypothesen enthaltenen Konstrukte, z.B. Zufriedenheit und Wiederkehrwahrscheinlichkeit zu quantifizieren, entwickeln Forscher Operationalisierungen, d.h. Messvorschriften. So lassen sich die Konstrukte in numerischen Daten ausdrücken. Die Datenerhebung erfolgt mithilfe von Befragungen oder Beobachtungen. Typisch für quantitative Befragungen sind zudem Fragebögen mit geschlossenen Fragen, bei denen Probanden aus vorgegebenen Antwortalternativen auswählen können. Die Skala könnte bspw. siebenstufig sein und von „sehr zufrieden" bis „sehr unzufrieden" reichen. Ein Beispiel zeigt Abb. 1. Diese numerischen Daten wertet der Forscher mithilfe statistischer Analyseverfahren aus. Um dabei verallgemeinerbare Aussagen treffen zu können ist es nötig, relativ große Stichproben zu erheben. Die Befragungsteilnehmer sollten repräsentativ für die Gruppe sein, über die eine

Aussage gemacht werden soll, da eine abweichende Zusammensetzung zu Verzerrungen bei den Ergebnissen führen kann. Diese Messwerte werden dann miteinander oder mit anderen Variablen in Beziehung gesetzt. Auf Basis der resultierenden Ergebnisse kann dann oft auf die interessierenden Variablen oder Zusammenhänge in der Grundgesamtheit zurück geschlossen werden. Ein typisches Ergebnis eines quantitativen Forschungsansatzes wäre bspw., dass zwischen der Zufriedenheit mit einer Dienstleistung und der Wahrscheinlichkeit des Wiederkehrens zu Dienstleister ein statistisch signifikanter Zusammenhang besteht. Das Ergebnis ist stochastisch, d.h. Konsumenten, die zufrieden sind, besuchen das Hotel mit höherer Wahrscheinlichkeit wieder. Der Zusammenhang ist jedoch nicht deterministisch. Das heißt, es kann nicht mit Sicherheit vorhergesagt werden, dass jeder zufriedene Konsument wiederkehrt (Hoffmann & Akbar, 2019, S. 18-19; Fichter, 2018, S. 89). Eine Darstellung der Merkmale der quantitativen Forschung zeigt Tab. 7.

Wie zufrieden sind Sie mit ...	sehr unzufrieden					sehr zufrieden		Wert
... der Freundlichkeit des Personals?	O	O	O	O	O	⊠	O	⇨ 6
... dem Zimmerservice?		O	O	O	O	⊠	O	O	⇨ 5
... usw.		O	O	O	O	O	O	O	⇨ ...

Abb. 1: Beispiel einer quantitativen Befragung

(Quelle: Hoffmann & Akbar, 2019, S. 19)

	Quantitative Forschung
Fragetypen	Eingeschränkte Fragentiefe, in die Breite gehend, Antworten auf das „Wieviel" und „Wie stark" (Häufigkeit, Intensität)
Ablauf	Entlang eines strukturierten Fragebogens
Stichprobengröße	Groß
Zielperson	Repräsentative Stichprobe

Zielobjekt	Objektive Gegebenheiten, z.B. Marktvolumen, Marktanteil, Konsumausgaben, Zielgruppe, Käufergruppe, usw.
Informationsmenge pro Teilnehmer	Unterschiedlich
Voraussetzungen für den Untersuchungsleiter	Interviewer mit wenig Erfahrung oder kein Interviewer
Analyseart	Statistisch, summierend
Ausstattung	Fragebögen, Computer, Ausdrucke, mobile Geräte, Smartphones, Tablets oder Laptops
Reproduzierbarkeit	Hoch
Ausbildung des Untersuchungsleiters	Statistik, Entscheidungsmodelle, Entscheidungsunterstützungssysteme, Computerprogrammierung, Marketing, Marketingforschung, Datenwissenschaftler
Forschungsdesign	Deskriptiv oder kausal
Resultate	Statistisch gesicherte Aussagen über die Grundgesamtheit

Tab. 7: Eigenschaften quantitativer Forschung

(Quelle: McDaniel & Gates, 2018, S. 89; Fichter, 2018, S. 89)

3.3. Deskriptive Forschung

Deskriptive Marktforschungsstudien sind das in der Marktforschung am häufigsten angewendete Studiendesign. Ein deskriptives Forschungsdesign eignet sich, wenn die Charakteristika von bestimmten Gruppen oder Situationen beschrieben werden sollen. Dabei werden vorab definierte Ziele systematisch und strukturiert verfolgt. Sie erfassen einen aktuellen Zustand, erklären ihn aber nicht und es werden auch keine Zusammenhänge zwischen Variablen erfasst. Daher ist es erforderlich, dass eine gewisse Kenntnis über den Untersuchungsgegenstand, z. B. die relevante Zielgruppe oder der Zielmarkt, vorliegt und dass die zu messenden Größen vorher festgelegt werden (Magerhans, 2016, S. 51; Moser, 2015, S. 164). Hier geht es z.B. um Fragen wie „Wie groß ist der Markt?", Welche soziodemografischen Merkmale haben Intensiv-Verwender eines Produkts?" oder „Welche Medien nutzen die Angehörigen der

Kernzielgruppe eines Produkts in welcher Intensität?". Ebenso ist es bspw. möglich mithilfe eines deskriptiven Forschungsdesigns die Ausprägung und die Zusammensetzung von Marktsegmenten zu eruieren und die Entwicklung des Smartphone-Markts zu beschreiben. Auch eine Marktbeobachtung, in der z. B. Konkurrenzpreise und Marktanteile erhoben werden, zählt zu den deskriptiven Marktforschungsuntersuchungen. Da von den Untersuchungsergebnissen auf eine Grundgesamtheit, in diesem Fall dem Gesamtmarkt geschlossen werden soll, werden hier die etablierten Verfahren der Stichprobenziehung, Fragebogenkonstruktion, Inferenzstatistik, etc. eingesetzt. Auswertungsmethodisch finden sich hier z. B. Häufigkeitsberechnungen oder Prognosemodelle. Im Zusammenhang der psychologischen Marktforschung werden also Märkte, Zielgruppen und das Verhalten von Marktteilnehmern erfasst und beschrieben (Kuß-Kleinaltenkamp, 2020, S. 94; Redler-Ulrich, 2021, S. 58). So nutzten Gronholdt und Hansen (1988) bspw. die Tatsache, dass in den südlichen Teilen von Dänemark das deutsche Fernsehen zu empfangen ist und auch rezipiert wird. Sie untersuchten die Marktanteile bestimmter Produkte in Abhängigkeit von dem Werbeaufwand, der im Fernsehen um diese Produkte betrieben wurde. Es zeigten sich recht deutliche Zusammenhänge zwischen Werbung und Marktanteilen. Deskriptive Forschung besteht genau in dieser Leistung. Den Zusammenhang zwischen Werbung und Absatz kann man mit diesem Ansatz beschreiben, aber nicht erklären. Zusammenhänge, die wir auf deskriptivem Wege finden, lassen sich grundsätzlich auf drei verschiedene Weisen erklären. Diese sollen anhand folgenden Beispiels erläutert werden: Eine Datenerhebung zeigt, dass Konsumenten, die die Werbung für den Fünf-Frucht-Saft Obelix häufiger gesehen haben, dieses Produkt auch häufiger gekauft haben. Folgende Erklärungsmodelle sind mit diesem Befund verträglich:

- Modell A: Die Konsumenten haben Obelix gekauft, weil sie die Werbung gesehen haben

- Modell B: Die Konsumenten haben die Werbung gesehen, weil sie Obelix gekauft haben oder die Absicht hatten, Obelix zu kaufen.

- Modell C: Es gibt einen anderen Grund, weshalb bestimmte Konsumenten Obelix mögen und daher sowohl die Werbung gerne sehen als auch das Produkt kaufen.

Erklärungsmodell A mag zwar erwünscht sein, aber Modell B ist ebenfalls sehr wahrscheinlich. Im letzteren Fall wird die Dissonanztheorie auf das Konsumentenverhalten angewendet. Konsumenten, die sich bereits für ein Produkt entschieden haben, setzten sich besonders intensiv der Werbung aus, die ihren Entschluss bekräftigt. Erklärungsmodell C besagt, dass es einen dritten Faktor gibt, der sowohl für die erhöhte Werberezeption als auch für die Kaufentscheidung verantwortlich ist. Damit leugnet es, dass der Zusammenhang zwischen Rezeption und Verhalten kausal ist. Mit der deskriptiven Forschung lassen sich Ursachen für die erforschten Phänomene nicht schlüssig nachweisen. Für die Entscheidung zwischen den drei Modellen lassen sich keine weiteren methodischen Argumente anführen. Hierfür sind Forscher auf die reine Plausibilität theoretischer Überlegungen oder auf die kausale Forschung angewiesen. Auf letzteres wird im folgenden Unterkapitel eingegangen.

3.4. Kausale Forschung

Noch einen Schritt weiter als deskriptive Untersuchungen gehen kausale (auch: explikative) Untersuchungen. Mit einem kausalen Forschungsdesign können Ursache-Wirkungs-Zusammenhänge aufgezeigt und erklärt werden. Dementsprechend geht es um Zusammenhänge zwischen Variablen, die hier aber auf Basis vorab formulierter Hypothesen betrachtet werden. Im Mittelpunkt einer kausalen Marktforschungsuntersuchung steht dann die Überprüfung der Ausgangshypothesen (Magerhans, 2016, S. 52). Sie sind im Hinblick auf die angewandten Methoden und die Aussagemöglichkeiten die anspruchsvollster als ein explorativer oder deskriptives

Forschungsdesign. Hier soll nicht nur festgestellt werden, wie z.B. der „typische Käufer" eines Produkts zu beschreiben wäre, sondern welches die Gründe bzw. Ursachen für ein bestimmtes Verhalten, bestimmte Präferenzen, etc. sind. Wurde bspw. mittels explorativer Studien Vermutungen zu Ursache-Wirkungs-Beziehungen entwickelt, so können diese mit kausalen Forschungsplänen überprüft bzw. exakt bestimmt werden.

Beispiele für Fragestellungen, die kausale Designs erfordern, sind etwa der Einfluss der Reichweite von E-Autos auf deren Absatzzahlen oder die Bedeutung von Benzinpreisen für die Reduktion von mit Autos zurückgelegten Kilometern. Kausale Designs werden als Experiment oder Längsschnittstudien umgesetzt. Experimente werden i.d.R. varianzanalytisch ausgewertet (Redler-Ulrich, 2021, S. 58; Kuß-Kleinaltenkamp, 2020, S. 94-95). Eine verbreitete Methode für Experimente in der Marktforschung sind Simulationen, bei denen die Konsumenten z.B. durch eine virtuelle Computerwelt laufen, etwa einem Supermarkt. Je nach experimenteller Bedingung werden dann Produktpräsentationen oder Anzeigen eingeschaltet. Diese Methode ist besonders für Werbung am Point of Sale interessant. Auch Untersuchungen auf konkreten Testmärkten sind möglich, jedoch deutlich teurer. Ein Beispiel hierfür ist das Projekt, das die Gesellschaft für Konsumforschung (GfK) seit 1986 in Haßloch durchführt (Högl & Hertle 2008; Kotler und Bliemel 1995, S. 204; Förster 1993). Dabei wurden rund 3000 Haushalte repräsentativ ausgewählt, deren Lebensgewohnheiten gegen eine Entschädigung systematisch aufgezeichnet wurden. Diese Haushalte stehen repräsentativ für die Gesamtpopulation. Das Projekt enthält deutliche experimentelle Elemente. Zum Beispiel können die teilnehmenden Haushalte individuell mit Werbung versorgt werden. Schon am Tag nach der Ausstrahlung kann dann im Laden die Wirkung der Werbung auf die Kauflust gemessen werden. Im Mikromarkt Haßloch werden auch gezielt die klassischen Printmedien, wie Plakate, Tageszeitung und Zeitschriften eingesetzt. So bekommen die Testhaushalte wöchentlich kostenlos eine Ausgabe von drei Zeitschriftentiteln, in die vorher Testanzeigen montiert werden können. Bei reinen Fernsehspot-Tests untersucht die GfK vor allem die Auswirkungen von Werbedruckveränderungen, die Verkaufskraft alternativer TV-Kampagnen und den Unterschied zwischen kontinuierlicher und pulsierender Werbung. Um exakte Ergebnisse zu erzielen, werden Test- und Kontrollgruppen mit gleichen Einkaufsgewohnheiten gebildet (Kotler & Bliemel, 1995, S. 989; Felser, 2015, S. 417). Ein weiteres Beispiel für eine kausale Untersuchung ist den Wirkungszusammenhang zwischen der Preis und Absatz zu untersuchen. In diesem Fall ist der Preis die Aktionsvariable und der Absatz die Ziel- bzw. Ergebnisgröße. Die Untersuchungshypothese lautet dann z.B. „eine Preissenkung für das Produkt X um 10% führt zu einer Absatzsteigerung um 5%". Ziel einer kausalanalytischen Marktuntersuchungsforschung ist also die Bewährung oder Ablehnung einer Untersuchungshypothese, in der ein kausaler Wirkungszusammenhang formuliert wird. Nimmt das Unternehmen nach Abschluss der Marktuntersuchungsstudie an, dass die oben genannte Hypothese richtig ist, dann geht das Unternehmen davon aus, dass eine Preissenkung um 10% mit einer hohen Wahrscheinlichkeit zu einer Steigerung des Absatzes um 5% führen wird. Eine absolute Gewissheit ist durch eine Marktforschungsstudie jedoch nicht zu erzielen (Olbrich, Battenfeld & Buhl, 2012, S. 52).

Literaturverzeichnis

Akbar, P. & Hoffmann, S. (2019). Einstellung . In: *Konsumentenverhalten.* Wiesbaden: Springer Gabler. https://doi.org/10.1007/978-3-658-23567-3_6

Battenfeld, D., Buhr, C.-C. & Olbrich, R. (2012). *Marktforschung. Ein einführendes Lehr- und Übungsbuch.* Berlin, Heidelberg: Springer Gabler. https://doi.org/10.1007/978-3-642-24345-5

Bliemel, F. & Kotler, P. (1995). *Marketing-Management: Analyse, Planung, Umsetzung und Steuerung* (8. Auflage). Stuttgart: Schaeffer-Poeschel.

Böhler, H. (2004). *Marktforschung* (3. Auflage). Stuttgart: Kohlhammer.

Boucsein, W. (2012). *Electrodermal Activity* (2. Auflage). New York: Springer. https://doi.org/10.1007/978-1-4614-1126-0

Chaiken, S. & Eagly, A. H., (1993). *The psychology of attitudes.* Forth Worth: Harcourt.

Dieterich, M. (1986). *Konsument und Gewohnheit. Eine theoretische und empirische Untersuchung zum habituellen Kaufverhalten.* Heidelberg: Springer. https://doi.org/10.1007/978-3-642-52379-3

Esch, F.-R. (Hrsg) (2019). *Handbuch Markenführung.* Wiesbaden: Springer Gabler. https://doi.org/10.1007/978-3-658-13342-9

Fehr, B. & Russell, J. A. (1984). Concept of emotion viewed from a prototype perspective. *Journal of Experimental Psychology: General, 113(3),* S. 464–486.

Felser, G. (2015). Explizite und implizite Einstellungen und ihre Beziehung zum Verhalten. In *Werbe- und Konsumentenpsychologie.* Berlin, Heidelberg: Springer. https://doi.org/10.1007/978-3-642-37645-0_13

Fichter, C. (Hrsg.) (2018). Kunden. In *Wirtschaftspsychologie für Bachelor*. Springer-Lehrbuch. Berlin, Heidelberg: Springer. https://doi.org/10.1007/978-3-662-54944-5_3

Fischer, K., Jungermann, H. & Pfister, H. R. (2016). *Die Psychologie der Entscheidung: Eine Einführung*. Berlin: Springer. https://doi.org/10.1007/978-3-662-53038-2

Förster, A. (1993). Wie uns TV-Werbung zum Kaufen verführt. *TV-Movie, 14*, S. 24–25.

Foscht, T., Schramm-Klein, H. & Swoboda, B. (2017). Psychische Erklärungskonstrukte des Konsumentenverhaltens. In: *Käuferverhalten*. Wiesbaden: Springer Gabler. https://doi.org/10.1007/978-3-658-17465-1_5

Gates, R. & McDaniel, C., Jr. (2018). *Marketing research* (11. Auflage). Hoboken: John Wiley & Sons

Gerrig, R. J. (2014). *Psychologie* (20. Auflage). Hallbergmoos: Pearson

Grønholdt, I. & Hansen, F. (1988). The effects of German television advertising on brands in Denmark – a unique experimental situation. *Planung und Analyse, 15(4)*, 175–178.

Gröppel-Klein, A. & Kroeber-Riel, W. (2019). *Konsumentenverhalten* (10. Auflage). München: Franz Vahlen Verlag. https:// doi.org/10.15358/9783800646197

Gröppel-Klein, A. & Kroeber-Riel, W. (2019). *Konsumentenverhalten* (11. Auflage). München: Franz Vahlen Verlag. https://doi.org/10.15358/9783800660346

Högl, S., & Hertle, T. (2008). MarketingLab - Evaluatives Pretesting mit der GfK Testmarktwelt. In M. Bruhn, F.-R. Esch, & T. Langer (Hrsg.), *Handbuch Kommunikation*, S. 971–991. Wiesbaden: Gabler.

Kleinaltenkamp, M. & Kuß, A. (2020). Grundzüge des Käuferverhaltens. In: *Marketing-Einführung*. Wiesbaden: Springer Gabler. https://doi.org/10.1007/978-3-658-29512-7_3

Magerhans, A. (2016). *Marktforschung. Eine praxisorientierte Einführung.* Wiesbaden: Springer Gabler. https://doi.org/10.1007/978-3-658-00891-8

Meyer, W. U., Reisenzein, R. & Schützwohl, A. (2001). *Einführung in die Emotionspsychologie. Band I: Die Emotionstheorien von Watson, James und Schachter* (2. Auflage). Bern: Huber.

Moser, K. (Hrsg.) (2015). *Wirtschaftspsychologie* (2. Auflage). Heidelberg: Springer. https://doi.org/10.1007/978-3-662-43576-2

Opresnik, M. O. & Rennhak, C. (2016). *Marketing: Grundlagen.* Heidelberg: Springer Gabler. https://doi.org/10.1007/978-3-662-45809-9

Park, J. & Stoel, L. (2005). Effect of brand familiarity, experience and information on online apparel purchase. *International Journal of Retail & Distribution Management, 33(2),* S. 148–160.

Redler, J. & Ullrich S. (2021). *Marketing klipp & klar.* Wiesbaden: Springer Gabler. https://doi.org/10.1007/978-3-658-34538-9

Solomon, M.R. (2016). *Konsumentenverhalten* (11. aktualisierte Auflage). Hallbergmoos: Pearson.

Teichert, T. & Trommsdorff, V., (2011). *Konsumentenverhalten* (8. Auflage). Stuttgart: Kohlhammer.